Die Häsjerschul

E schee Bilderbischelsche vom
Fritz Koch-Gotha

mit Versjer vom
Albert Sixtus

Ins Hessische iwwertraache
vom
Walter Sauer

F.Koch-Gotha

»Kinner«, sescht die Hasemamme,
»Packt schnell euer Zeusch zezamme,
Dafel, Griffel, Schwamm un Buch
Un e Weißkrautdascheduch.
Wascht die Pfode, butzt es Näsje –
So geheert sisch's fer e Häsje.
Habt ehr alles?« »Ja!«, rieft jeder,
»Tschüssi, Mamma, dann bis späder.«

S Hasehänsje un es Gretsche
Die marschiern brav uff em Pfädsche
Durch die Wiese iwwers Land,
Hasehand in Hasehand.
Annern Häsjer springe aach
Dorsch die Felder frieh am Daach.
Uff em Buggel schaukelt s Ränzje,
Hinne wippt ihr Haseschwänzje.

Hobbel, hobbel, so geht's fort;
Iwwern Bach – dann sin se dort.
Bei de Danne uff de Wies
Sieht mer schon, wo s Schulhaus is.
Schulbänk stehn da in rer Reih
Hinnernanner, aans, zwaa, drei.
Hopphopphopp, bloß noch aan Satz,
Un sie hogge uff ihrm Platz.

So wie immer, werd aach heut
Vor de Schul die Glock geläut.
De Herr Lehrer, ganz gelehrt,
Brill un Bart, wie sisch's geheert,
Lange Leffel, Schnorres nass,
Steht er vor de Haseklass.
Erst werd e Gebet gesacht:
»Wie fröhlisch bin isch aufgewacht.«

Wie die erst Stund dann fängt aa,
Is gleisch Pflanzekunde draa.
Wer was waaß, der muss sisch melde,
Sonst dut de Herr Lehrer schelde,
wenn er fraacht – des is net schwer –
was fer Griezeusch essbar wär.
S Hasehänsje meldt sisch laut:
»S Allerbesde is doch s Kraut!«

S nägsde Fach am selbe Morsche
Mescht de klaane Häsjer Sorsche:
Da werd nämlich vorgelese
Von dem schlimme Fuchs, dem beese,
Der wo sisch in Wald un Feld
Rumtreibt un sich arsch verstellt.
Un es Hasegretsche denkt:
Wenn der mich bloß net mal fängt!

Ei, was freun se sisch un strahle:
S geht ans Osdereier male,
Lila, blau, grie, gelb un rot,
Mit em Binsel in de Pfot.
Da werd farwisch jedes Ei
Bei der Eiermalerei.
Bloß wer des schee lernt, werd dann
Aach en Osderhas, wo's kann.

Frehlisch gehts dann in de Paus
Uff die schee, groß Wies enaus,
Wo die Hasebube renne,
Dobe, raufe, was se kenne.
Bloß die Mädscher knabbern stumm
Uff de Friehsticksblädder rum,
Dun sich net groß verlusdiern
Un gehn brav im Kreis spaziern.

S Mäxje war – des Babbelmaul –
Heut mal widder dumm, fresch, faul.
Hausuffgawe net gemacht,
Rumgealbert, dumm gelacht,
Bank zerdebbert, Klaad verrisse.
Des werd der jetz bieße misse!
Er werd arsch am Ohr gezooche,
Fliescht ins Eck im hohe Booche.

S Miensche aus de ersde Bank
Holt die Geisch dann aus em Schrank,
Gibt se m Lehrer, un der nimmt se
Un uff G-D-A-E stimmt se,
Streischt mit Harz de Booche ei,
Fiedelt schrumm un dideldei.
Un de Hase-Schielerchor
Träscht so mansches Liedsche vor.

Mit de griene Wasserkännscher
Schaffe dann die Hasemännscher.
S welge Kraut, die junge Sprosse
Werde fest und lang gegosse.
Un die Mädscher in de Bede
Derfe fleißisch Unkraut jäde.
De Herr Lehrer gibt druff acht,
dass es rischdisch werd gemacht.

Dann steht – frei nach Vadder Jahn –
Torne uff em Stundeplan:
Wie mer Hake schläscht un rennt,
Vor em Hund sich redde kännt,
Wenn im Herbst die Jachd aageht,
Un's fer Häsjer dadrum geht,
Dass es ne im Kampf ums Lewe
Aach gelingt zu iwwerlewe.

Endlisch haaßt's dann: »Ihr Athlede,
Zwaa un zwaa werd aagetrede!
Steckt die Sache in de Ranze,
Un dut aus de Reih net danze!
Haam geht's jetzert! Denkt schee draa:
Gell, kaan Muckser! Stellt nix aa!
Wenn de Fuchs eusch packt am Kraache,
Dann is' aus! Ich kann's eusch saache!«

Heert mal, wer da jammern dut:
»Ach, ihr Häsjer, seid so gut,
Bloß e frisches Blatt, weil – escht!
Ungelooche! – mir geht's schlescht.«
Un wer is es wohl gewese?
S war de Fuchs, der bidderbeese!
Hopphopphopp, die Häsjer renne
So schnell, wie se renne kenne.

Nach de Schul steht s Middaachsfudder
Uff em Disch bei ihrer Mudder:
Krautgemies un Werschingblatt –
Des mescht allminanner satt.
Jedes Häsje langt gut zu
Un butzt gleisch die Platt im Nu.
Isch als Kindsche muss gesteh:
Häsje sei wär aach ganz schee.

Titel der deutschen Originalausgabe: Die Häschenschule.
Ein lustiges Bilderbuch von Fritz Koch-Gotha zu Versen von Albert Sixtus.
© 1924 Alfred Hahn's Verlag
Thienemann-Esslinger GmbH, Stuttgart
www.thienemann-esslinger.de

2. Auflage

Genehmigte Lizenzausgabe für:

© 2019, 2014 Edition Tintenfaß
69239 Neckarsteinach
www.verlag-tintenfass.de
info@verlag-tintenfass.de

Satz: τ-leχιs · O. Lange, Heidelberg

ISBN 978-3-943052-30-5